Piano Trios
Nos. 1 and 2

Piano Trios
Nos. 1 and 2

FELIX MENDELSSOHN

DOVER PUBLICATIONS, INC.
Mineola, New York

Bibliographical Note

This Dover edition, first published in 2006, is an unabridged republication of *Trios für Klavier, Violine und Violoncello,* originally published by C.F. Peters, Frankfurt, n.d.

International Standard Book Number: 0-486-44961-0

Manufactured in the United States of America
Dover Publications, Inc., 31 East 2nd Street, Mineola, N.Y. 11501

Piano Trio No. 1

in D minor, Op. 49

Piano Trio No. 2

in C minor, Op. 66

Piano Trio No. 1
in D minor, Op. 49

Piano Trio No. 1
in D minor, Op. 49
for Violin, Cello, and Piano

Felix Mendelssohn
(1809-1847)

3

4 Piano Trio No. 1, Molto allegro ed agitato

6 Piano Trio No. 1, *Molto allegro ed agitato*

10 *Piano Trio No. 1, Molto allegro ed agitato*

22 *Piano Trio No. 1, Molto allegro ed agitato*

24 *Piano Trio No. 1, Molto allegro ed agitato*

25

26 *Piano Trio No. 1, Andante con moto tranquillo*

28 *Piano Trio No. 1, Andante con moto tranquillo*

Scherzo

Leggiero e vivace

34 *Piano Trio No. 1, Scherzo*

38 *Piano Trio No. 1, Scherzo*

Finale

Allegro assai appassionato

41

44 *Piano Trio No. 1, Finale*

46 *Piano Trio No. 1, Finale*

56 *Piano Trio No. 1, Finale*

Piano Trio No. 2
in C minor, Op. 66

Piano Trio No. 2
in C minor, Op. 66
for Violin, Cello, and Piano

Felix Mendelssohn
(1809-1847)

64 *Piano Trio No. 2, Allegro energico e con fuoco*

68 *Piano Trio No. 2, Allegro energico e con fuoco*

70 *Piano Trio No. 2, Allegro energico e con fuoco*

72 *Piano Trio No. 2, Allegro energico e con fuoco*

74 *Piano Trio No. 2, Allegro energico e con fuoco*

76 Piano Trio No. 2, Allegro energico e con fuoco

82 *Piano Trio No. 2, Allegro energico e con fuoco*

84 *Piano Trio No. 2, Allegro energico e con fuoco*

85

90 *Piano Trio No. 2, Andante espressivo*

94 *Piano Trio No. 2, Scherzo*

96 *Piano Trio No. 2, Scherzo*

98 *Piano Trio No. 2, Scherzo*

Finale
Allegro appassionato

103

da qui sempre cresc. e con più di fuoco

da quì sempre cresc. e con più di fuoco